"音"路历程

王仁华的智能语音创新之路

IN PURSUIT OF INTELLIGENT SPEECH

主编 刘庆峰

编委 戴礼荣　胡国平　王　政　吴骏华
　　　　张　沛　王　蕊　汪日贵　刘子萌
　　　　田　飞　黄　宁　李晓玮　何赋汉
　　　　蒋　欣　詹　行　陈　炫

中国科学技术大学出版社

内容简介

本书围绕中国智能语音产业的泰斗人物——中国科学技术大学王仁华教授的年少求学、科研创业和教书育人等丰富人生经历展开，并辅以时间线，旨在弘扬和传承科技创新精神。王仁华带领刘庆峰等学生创立科大讯飞股份有限公司，是中国智能语音技术及产业化发展的引路人。本书在讲述其个人经历的同时，也呈现出中国智能语音与人工智能领域的科技创新和产业化历程。

图书在版编目(CIP)数据

"音"路历程：王仁华的智能语音创新之路/刘庆峰主编. —合肥：中国科学技术大学出版社，2024.1
ISBN 978-7-312-05871-4

Ⅰ.音… Ⅱ.刘… Ⅲ.王仁华—事迹 Ⅳ.K826.16

中国国家版本馆CIP数据核字(2024)第013407号

"音"路历程：王仁华的智能语音创新之路
YIN LU LICHENG: WANG RENHUA DE ZHINENG YUYIN CHUANGXIN ZHI LU

出版	中国科学技术大学出版社 安徽省合肥市金寨路96号，230026 http://press.ustc.edu.cn http://zgkxjsdxcbs.tmall.com
印刷	合肥华苑印刷包装有限公司
发行	中国科学技术大学出版社
开本	889 mm×1194 mm　1/12
印张	10.5
字数	131千
版次	2024年1月第1版
印次	2024年1月第1次印刷
定价	199.00元

王仁华

序

1992年,我在中国科学技术大学读大学二年级,走进了王仁华老师创办的人机语音通信实验室,被"自动语音翻译电话"的愿景吸引,放弃了"转数学系以后出国"的计划。

这是我和王仁华老师缘分的开始。之后,我在王老师的指导下参与国家"863计划",开发出"KD系列汉语文语转换系统",又在王老师的鼓励和帮助下创立科大讯飞,结下了深厚的情谊,是师生是战友也情同父子。

王仁华老师今年80周岁了,可以说他为中国科技的发展和人才培养奋斗了60余年。

王仁华老师1943年出生于上海的一个书香之家,从小的教育让他立下"读书报国"的志愿。

王仁华老师的青少年时期,正值新中国百废待兴,"向科学进军"的号召在全国掀起热潮,也在少年的心中埋下种子。他先后在杭州市第十二中学、上海市成都中学和上海市青少年体育学校(原上海市体育运动学校)度过初中和高中时光,身兼学生和青少年足球运动员双重身份,德智体全面发展。高中毕业,面临未来的十字路口,他听从内心的召唤,义无反顾地选择了华东师范大学物理系,一边继续踢球一边学习物理。科学成为他一生的事业,而"勇争第一"和"团队合作"的足球精神也一直在他的学习、工作中延续。

1967年冬天,王仁华老师成为中国科学技术大学的一名老师。在大时代的波涛中,他即使身处一叶沉沉浮浮的小舟,也要做站在船头的"瞭望者"——在动荡的环境里,他始终坚持学习;当机会来临时,他成为新中国第一批赴美交流的访问学者,将数字信号处理技术的研究理念和实践方法带回中国;回国之后,他顶住压力、创新机制,打破传统高校实验室机制的限制,在一间教研办公室中打造出中科大语音实验室,开始了高校科技成果转化的探索,立志要建成"中国的贝尔实验室"。

1999年,王仁华老师鼓励我以在校博士生身份和师弟们创办科大讯飞,并作为技术奠基人,带领讯飞研究院走上语音合成、语音评测、语音识别三大台阶。著名语音学家吴宗济老先生曾说,语音是文化的基础和民族的象征,而中国被人掐住了咽喉。当年,我们在王老师的指导和带领下,立下誓言:"中文语音技术要由中国人做到最好,中文语音产业要掌握在中国人自己手上。"所有人都不信,认为我们是草台班子,几个大学生创业怎么可能和微软、IBM抗衡?但现在,科大讯飞的中文语音技术、多语种技术等都位列全球第一。即使是在美国实体清单的强压之下，我们的技术依然保持着世界第一。从这个角度来说，王老师的贡献是可以载入中国科技发展史册的。

王仁华老师不仅是科学家，也是教育家。他为社会培养的优秀毕业生中，除了科大讯飞的创业团队之外，有中国、美国、加拿大、日本等国际知名高校的教授，也有华为、阿里巴巴、微软、领英等公司的核心研究者，还有其他相关行业的创业者。

王仁华老师天生具备一个教育家的潜质：爱才、惜才、无私、包容，像伯乐一样选拔千里马，对学生倾囊相授、尽力培养。他格局广大，愿意给学生舞台和机会，青出于蓝而胜于蓝是他最愿意看到的事情。

王仁华老师对我们这些学生的影响持续一生。他言传身教，是我们的恩师、伯乐，更是我们的榜样。他教会我们：坚持长期主义，坚持厚积薄发，坚持团队合作，坚持勇争第一。从他的身上，我们也深刻地体会到：一个人的事业能做多大，首先要看胸怀有多大！

春华秋实。王仁华老师用热爱种下了中国科大语音实验室这颗种子，倾心浇灌、坚守不渝，推进中文语音技术的研究和转化，并培养出诸多优秀学生；中国科大语音实验室逐渐拔得头筹，他初心不改、无私培育，实验室孕育出科大讯飞，又为社会各界输送优秀人才，开枝散叶、薪火相传，苗木持续向下扎根、向上繁茂，长成一片森林，欣欣向荣，生生不息。

谨以此画册，祝贺我们最敬爱的王仁华老师80寿辰！

桃李不言，下自成蹊！

2023年8月

目录

第一章　扎根，萌芽

少年时期　002

体校与足球　006

拼搏华师大　014

任职中科大　019

组建家庭　021

留学见闻　028

01

第二章　郁郁葱葱

成立语音实验室　036

实验室渐入佳境　038

同行者　043

实验室茁壮成长　059

02

第三章　春华秋实满庭芳

我们的王老师　064

学生刘庆峰　069

春华秋实　073

03

第四章　经历风雨见彩虹

001号员工　078

董事长的原则　080

扭亏为盈　082

公司上市　087

04

第五章　生生不息

技术精神传承　094

育人精神传承　102

桃李满天下　105

05

第一章

扎根，萌芽

1959—1961年，就读于上海市青少年体育学校；

1961—1966年，就读于华东师范大学物理系；

1967—2009年，任教于中国科学技术大学；

1980—1982年，于美国诺特丹大学做访问学者；

1987—1988年，于日本东京大学做客访研究员；

2004年，获聘日本东京大学客座教授；

1999—2008年，任中科大讯飞信息科技股份有限公司（科大讯飞股份有限公司前身）董事长、首席科学家。

王仁华

1943年出生

少年时期

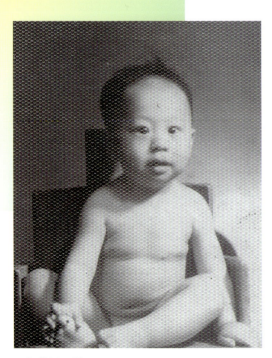

王仁华百日照

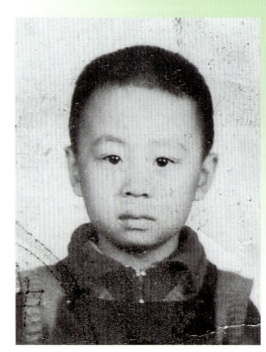 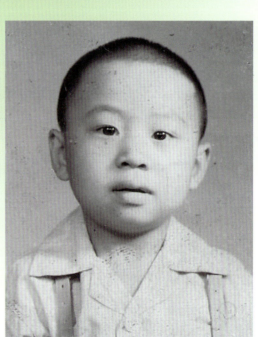

王仁华学前照

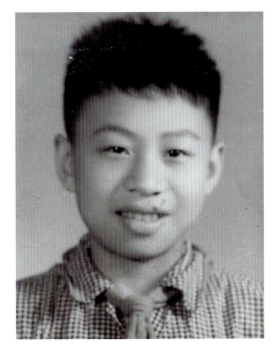

少先队员王仁华

少年王仁华

王仁华和家人

王仁华母亲年轻时

王仁华（左一）和三个弟弟的儿时留影

1954年王仁华在杭州读初中，和小弟王仁洪合影

王仁华与家人合影

王仁华（左三）及其兄弟

体校与足球

王仁华在青少体校宿舍

"那时候我在家楼下弄堂里踢球,觉得不太过瘾,就跑到成都中学旁的柏油路上踢。有一次,家里人发现我的球鞋穿了不到两个月就有好大一个洞。后来学校(新成体校)看到了,就把我叫到校队里面踢球。"1958年,王仁华入学新成体校。

新成体校同学合影

1959年上半年,新成体校(现上海市静安区体校)足球队合影,前排右一为王仁华,前排右五为林耀清指导

新成体校田径队,第三排右起第五位是王仁华爱人夏德瑜

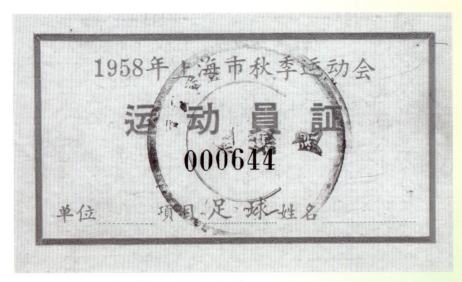

1958年，王仁华参加上海市运动会的运动员证

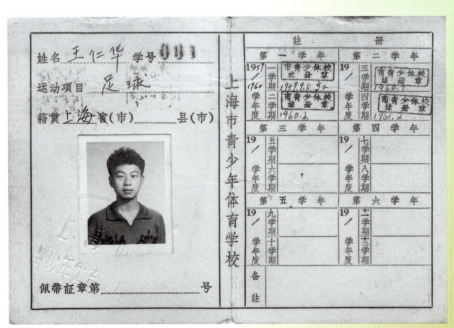

1959年7月，王仁华进入上海市体育运动学校，成为001号学生

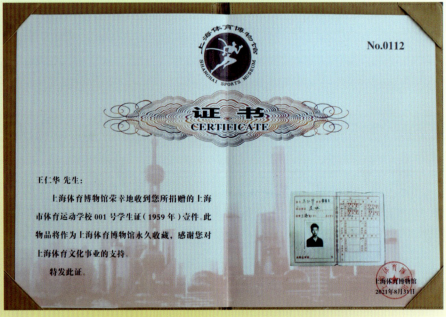

这张学生证被上海体育博物馆永久收藏

上海市青少年体育学校老校门

上海市青少年体育学校原行政教学楼（红楼）旧照

王仁华在操场踢球

1960年8月，上海市青少年体育学校足球队赴南昌进行交流比赛，比赛胜利后，领队和教员带领运动员们游览了滕王阁、八一公园等景点（左起：王仁华、连文宝、胡之刚）

"校园条件很好，占地300亩，排球馆、篮球馆、体操房、乒乓球房、宿舍、食堂……一应俱全。"

"每天早上5:50，我们准时起床，10分钟内集合，然后跑操、训练。50分钟后，我们几个借读生先去吃早饭，然后赶79路公交车去上课，下课再赶回来训练。"

1961年,王仁华在学校篮球馆前留影

1961年4月,上海市青少年体育协会足球队合影(前排右一:王仁华)

1961年,上海市青少年体育学校首届高三学生合影留念 [前排左起:于贻泽(乒乓球队)、胡志刚(足球队)、王仁华(足球队);后排左起:张为琨(排球队)、丁永龙(篮球队)、郑揆文(篮球队)]

1961年,王仁华(右)与上海市青少年体育协会足球队主教练唐文厚合影

"足球影响我一生,有三点:第一,要刻苦锻炼;第二,要力争第一;第三,要相信团队、依靠团队。我一直都觉得团队作战比个人单打独斗重要,有前锋就有后卫,还要有教练,只有一个队伍都齐心协力,才能赢得比赛。"

1961年，王仁华的高考准考证

拼搏华师大

在上海市青少年体育学校学习、训练了两年，王仁华的内心并不想真正去搞体育，还是希望继续读书，想要报考上海交通大学。当时华东师范大学希望录取王仁华，主动邀请他参观学校，并介绍学校也有无线电物理等王仁华喜欢的理工科课程，最终，王仁华选择了华东师范大学。

1961年，王仁华以数学满分的成绩被华东师范大学录取

"早锻炼的时间,我都用来练习俄语,清早起来,一天不落。"读书期间,王仁华既要学习专业知识,也要学习外语,但也没有落下体育训练。

大学二年级学校分专业:物理和无线电物理,王仁华报的是无线电物理,辅导员私下找到他,认为以他这样优秀的学习成绩应该读理论物理。那时候,无线电物理听起来是"装收音机和电话的"。这一次,王仁华坚持了自己的选择:"我喜欢自己动手做实验。"

王仁华在华东师范大学足球训练照

华东师范大学物理系1961级5班合影(第二排左二:王仁华)

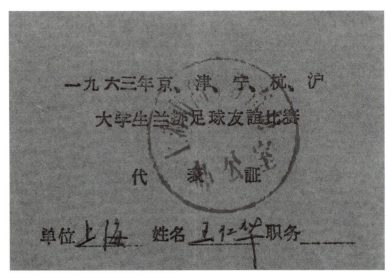

1963年，王仁华参加全国大学生足球比赛的代表证

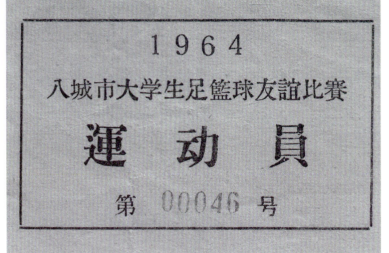

1964年，王仁华参加全国大学生足球比赛的运动员证

1965年，王仁华参加全国大学生足球比赛的运动员证

"我没有把学习耽误，从少体校开始的这条路，我就从来没放弃过自己努力。"王仁华在华东师范大学的前两年有一半以上的学科成绩是5分，第三年全都是5分。

华东师范大学的足球是学校的重点项目，每年夏天都有全国大学生足球比赛。王仁华每年被华东纺织工学院借调过去集训参赛，作为上海队成员，帮助队伍连续四年获得第一名。王仁华在足球场上收获了快乐、荣誉，也收获了朋友。

1965年上海大学生足球队获全国冠军后合影留念（第三排左二：王仁华）

1967年，华东师范大学足球友谊赛合影

"一个人即使在绝境中，也不要放弃，一定要努力。一个人的成功，除了天赋，机遇也是非常重要的，可遇不可求。但是机遇如果到了，你没做好准备，你永远不会得到机会。"

1967年，王仁华的华东师范大学毕业证书

1967年，王仁华在华东师范大学校门前留影

任职中科大

1967年下半年高校分配工作，王仁华所学的无线电物理专业比较热门，有的分配到上海市仪表局，有的分配到无线电厂，有的分配到中学当老师，大家都想留在上海，而班里有一个名额是到北京的中国科学技术大学当老师。在那个特殊时代，大学停招，没有人知道进入大学的命运如何，王仁华考虑到妻子的工作可能要在北京，就选择了中国科学技术大学。

1968年，王仁华已在中国科学技术大学任教，但第一份工作是"烧锅炉"，就这样度过了一年多时光。1970年初，王仁华和中国科学技术大学的一批教授被带到了广西南宁的无线电厂劳动，做事认真、动手能力强的王仁华很受欢迎，无线电厂也希望他留下。1970年夏天，中国科学技术大学确定搬到合肥，王仁华举家迁往合肥。

王仁华在中国科学技术大学老图书馆前留影

王仁华在完成本专业教学任务的同时,依然在认真学习英语。1977年,高考恢复,学校专门招了一个班,把1966年大学停课之后的学生重新召回。王仁华一边完成自己的课程教学,一边学习概率论与数理统计、高等代数、算法语言等课程。

中国科大无线电电子学系(现电子工程与信息科学系)部分教员合影

王仁华在新成体校认识了夏德瑜,当时夏德瑜在田径队,二人在同一个文化班。

王仁华妻子——夏德瑜

组建家庭

运动中的夏德瑜

"她大大咧咧的，喜欢笑，所以她有个绰号'哈德'，也就是哈哈笑的意思，所以我就记住了。"王仁华回忆当年，"当时我只知道她是搞五项全能的，跳高、跨栏也是她的强项，我们也一块搞过一两次黑板报，她黑板字写得蛮好。"

"分配工作的时候,我跟她差不多就确定恋爱关系了,1968年我们结婚了。"

王仁华、夏德瑜于成都北路503弄12号修德新村

王仁华与夏德瑜于上海的合影

1970年,王仁华与夏德瑜的儿子王政出生40天时一家三口合影

王仁华刚从美国回国,意气风发。

王仁华与妻子的合影

王仁华、夏德瑜于中国科大校园的合影

1982年，王仁华从美国刚回到北京，随即和家人登上长城："祖国，我回来了！"

1988年，王仁华举家搬入中国科大北区8号楼502新居

留学见闻

1980年，新中国的第一波留学潮开始，中国科大也组织了外训班。王仁华由于一直没有放弃英语学习，一次性通过了选拔，成为中国科大无线电电子学系第一位被外派的访问学者。

王仁华在美国阿拉巴马大学

1980年，王仁华（左）在美国诺特丹大学留学时留影

1981年，王仁华在诺特丹大学

王仁华初到美国，在阿拉巴马大学（University of Alabama）学习，他发现"数字信号处理"课程后两章是语音信号处理、图像处理，偏应用层面。

"当时我就觉得，既然学数字信号处理，就应该在语音信号和图像信号这两个里面选一样。图像信号在那时还真没看到应用的苗头，但语音已经看到了。"

因为对语音技术感兴趣，王仁华主动转学到擅长这方面的诺特丹大学（University of Notre Dame，又名：圣母大学）。

FFT处理器和终端显示设备

王仁华在诺特丹大学Melsa教授办公室

"贝尔实验室整体的机构设置就很令人振奋：基础研究、系统工程和应用开发。这更加坚定了我的想法：做大学老师不能只做理论研究，更要注意产学研一体化。我那时候也很'胸怀大志'，立下目标，说回国要建立中国的贝尔实验室。"

王仁华在图书馆

1982年，王仁华在美两年学习期满，教授想留王仁华攻读博士学位，但王仁华还是选择了回国。

"第一个是我的年龄确实大了，家里孩子又小；第二个是这个时候回去，也正好能干点事情，科大把我作为访问学者派出来了，我也要为科大做点什么，一心想要报答。"

王仁华认为做大学老师，要有更宽广的视野，要有前沿研究的理念。此后的岁月里，王仁华保持着与国际上的联系，学习全世界的前沿研究、先进技术，也将一批又一批的学生送往日本、美国、英国等去开阔眼界、开拓思路。

王仁华在美国游玩

王仁华在美国纽约标志性建筑前留影

第二章

郁郁葱葱

长期从事科研教学

王仁华长期从事人机语音通信、数字信号处理、多媒体通信方面的科研和教学工作,创建中国科学技术大学人机语音通信实验室,领导课题组在语音识别和合成、人机对话、语音数据库与系统评测、人工智能等领域开展高水平的研究,研究成果多次获得奖励:2002年,获得国家科学技术进步奖二等奖;2005年,获得国家信息产业重大技术发明奖;2008年,获得安徽省重大科技成就奖;2011年,再次获得国家科学技术进步奖二等奖、国家信息产业重大技术发明奖。

1982年从美国回到中国科大后,王仁华开始从事教学工作,主讲"数字信号处理"课程

成立
语音实验室

1985年，语音通信实验室早期成员合影（左起：阎晓红、刘必成、王仁华、周勇、邵敏、吴家明、王明杰）

语音通信实验室成员合影（左起：刘必成、王仁华、聂登、周勇）

实验室"硬件"逐步发展的同时，一个个项目的成功也渐渐奠定了实验室的研究基础和学术地位。

1985年，语言通信实验室成立

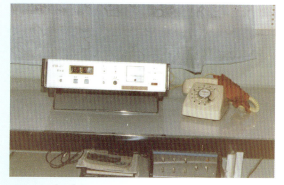

HTBS-01报时器

1985年，王仁华决心成立语音实验室，这在当时可以说是"创举"，面临着观念、人员、制度建设等不少挑战，王仁华表示："我没有动摇，事实说明，这样的架构是成功的，对于实验室，争取项目、做研究都更有效；对于学科发展，也更有利。"

第一次牵头做实验室，王仁华不仅要考虑技术、产品，还要去向各单位进行技术推介，个中艰辛自不必说。好在小试牛刀之后反响不错，完成了"114查号台""863语音识别评测"等项目。

实验室渐入佳境

114查号台

实验室完成的安徽电信"微机市话查号系统——114查号台"项目，在1986年4月通过了安徽省科技厅技术成果鉴定，1987年获得中国科学技术大学科技成果一等奖、安徽省科技进步二等奖，1988年被评为安徽省重大科技成果；1989年经改进的系统通过邮电部主持的产品鉴定，向全国推广，当时在天津、西安、长春、哈尔滨等30多个大城市使用，给电信部门带来了很大的经济效益和社会效益。通过国外合作研究以及各种科研经费渠道，实验室添置了先进设备，从而逐步具备了高水平研究的条件和培养有关领域优秀人才的环境。

当时实验室的先进设备

关于语声身份确认系统研制成功的报道

语声身份确认系统

语声身份确认系统于1991年1月通过安徽省科技厅技术成果鉴定,填补了国内在该领域的空白,其正识率等主要技术性能已接近国际20世纪80年代末期先进水平,在军用和民用领域都有广阔的应用前景。

语音数据库

"语音数据库和系统评估是一项重要的基础工作,但工作量很大,再加上汉语语言的复杂性,让工作难度更大了。最重要的是,语音数据库做成之后,还可以被其他研究者直接拿来用,也是为他人做嫁衣,所以没有人愿意做。"王仁华认为,语音数据库很有必要,也是国家的需要。

1986年,国家"863计划"启动之后,王仁华向国家"863计划"智能计算机主题专家组建议,要做语音识别数据库,得到了资金支持。

1991年,"汉语人机对话系统工程"被列入中国科学院"八五"重大应用项目,王仁华及实验室分到部分课题和经费。

在1991年的"863计划"语音识别评测项目中,王仁华成为负责人,开始思考用机器评测代替人工评测。

1992年,"八五"重大应用项目"汉语人机对话系统工程"总体组访问美国,王仁华访问了10家公司。

王仁华在苹果公司前留影

中国科学院代表团在美国合影(左六:王仁华;左四:李开复)

"1992年访美对我的影响很大。原来人机语音通信研究在美国是一个相当活跃的领域，这更加坚定了我走音路的决心，我决定在保证完成'八五'重大项目确定的人机语音对话系统的研制前提下，有必要、也有可能开发一些市场应用。此行也坚定了我在国内继续建立标准的'语音数据库'及'语音识别系统评价'等基础性的工作。"

1993年，语音实验室获得了"863计划"的经费支持，王仁华不断鼓励实验室的同学们参与到重大的科研项目中来，让他们在担当中不断历练。

1993年，"863计划"语音数据库项目

1997年6月25日，王仁华作"863计划"项目汇报

1998年3月4日，"863计划"项目验收

1994年1月10日，《中国科学报》关于汉语识别语言数据库的报道

技术交流

在王仁华的推动下，语音实验室与清华大学、中国科学院、中国社会科学院等建立了密切的联系，这也为清华大学、中国科学院和科大讯飞的友好合作奠定了基础。

1996年，中国科学院声学研究所吕士楠访问语音实验室

1998年3月，北京交通大学资深教授、信号与信息处理专家袁保宗访问语音实验室

王仁华与胡帆在实验室

1996年6月，全球领先的半导体公司Analog Devices员工胡帆到访实验室，实验室与美国Analog Devices公司长期合作。

同行者

与东京大学合作

中国科大语音实验室团队和日本东京大学自1983年开始合作,"高级人机语音通信"是双方长期合作的课题之一,与本课题对口的日方合作者藤崎博也教授是国际知名学者,也是实验室的客座访问教授。另一名合作教授广濑启吉和王仁华分别为中日大学群合作项目中"电子与信息工程"领域的日方和中方负责人。

王仁华在日本

1987年，王仁华在日本交流学习了三个月，他说，"我那三个月真的是拼了老命在干，感觉自己又当了一次学生。"

在1987年之后的几年内，王仁华每年都去东京大学做访问学者，中国科大语音实验室在人机语音通信领域与东京大学的合作，持续了二十年。

王仁华在东京大学主楼前留影

"我第一次见到王老师是1986年，最深的印象是王老师为了听我的课，花了5个小时从合肥坐车到南京，所以我非常地感激。" 藤崎博也教授回忆对王仁华的最初印象。

1987年，"人机语音通信"列为中国科大与东京大学的合作项目，藤崎博也和王仁华分别担任东京大学和中国科大的负责人。

王仁华在藤崎实验室

1987年3月，日本著名言语工程学家、东京大学藤崎博也教授（前排左三）访问语音实验室

1988年，基于当时日本文部省和中国科学院之间的合作研究项目，广濑启吉教授第一次访问中国，并为实验室置办了电脑等设备。"王老师十分直爽坦率，也许正因为如此公司才会成功，他是一位给人感觉很友好的老师。我去的时候也经常受到照顾，真是太感谢了。"

1990年，王仁华与广濑启吉教授在东京大学实验室合影

1989年5月6日，藤崎博也教授访问语音实验室（前排左起：刘一飞、王仁华、藤崎博也、张清辨；后排左起：林冠良、关权芬、皇甫秀斌、杨鉴）

1991年，藤崎博也教授从东京大学退休后，广濑启吉教授接替了他的位置。1993年，东京大学和中国科大的合作项目发展成为"中日大学群合作交流项目"，拓展至中日近十所著名理工科大学，王仁华和广濑启吉教授分别担任中方和日方的电子信息领域首席教授。

1994年，广濑启吉教授在中国科大语音实验室作报告

1994年，王仁华与东京大学藤崎博也教授合影，图中还有汤洪高、广濑启吉、陈国良、陈宏良、戚伯云等

1994年9月，王仁华在东京大学交流，和广濑启吉、孙贞寿合影

1995年，藤崎博也教授参观语音实验室

藤崎博也、王仁华、夏德瑜、倪晋富、刘庆峰、戴礼荣、应陵、唐涤飞等人合影

钱景仁、藤崎博也、广濑启吉、王仁华等人合影

王仁华在东京大学作报告　　　　　　　　　　　　　　　　　　　　　　　　　　　王仁华在东京大学合作招待会上致辞

2002年ICSLP会议上，江辉、藤崎博也、王仁华、尹波合影

藤崎博也为照片题词后赠送给王仁华

2002年，广濑启吉教授访问中科大—讯飞语音实验室

王仁华受聘为东京大学客座教授,和东京大学广濑启吉教授实验室师生合影

王仁华在整个语音领域积累的广泛人脉,使得学生们总有机会能出国交流,实验室的科研设备、视野也不断靠近国际先进水平。"第一次去中国时,中国还没办法进行世界顶尖水平的(语音学)研究,不过中国在2000年左右迅速达到世界一流的水平。"藤崎博也教授说。

王仁华与吴宗济

与吴宗济先生相识相知

1990年,在日本召开了第一届国际口语处理大会(ICSLP),时任大会主席的藤崎博也教授邀请吴宗济、王仁华参加。当时王仁华47岁、吴宗济81岁,二人同住、同游,王仁华意识到吴宗济在汉语语调上的研究对中国科大语音实验室非常有帮助,便邀请他来做指导,吴宗济欣然同意。

1990年，王仁华与吴宗济在日本东京大学合影

1994年，吴宗济在中国科大语音实验室讲课

1994年，吴宗济与王仁华合影

　　1992年，王仁华从日本回来之后，开始做中国科学院"八五"重大应用项目，要做人机语音对话系统，于是找到了吴宗济。吴宗济非常高兴，亲自将合作命名为"WWE工程"，WWE是"Wu-Wang Engineering"（吴王工程）的缩写。

1997年，由中国科学技术大学和东京大学发起的首届中日口语处理研讨会在安徽黄山举行，王仁华、夏德瑜、倪晋富、刘庆峰、徐超、江辉、戴礼荣、滕永盛、唐涤飞、霍强等人合影

吴宗济与王仁华分别作报告

1997年，在首届中日口语处理研讨会上，与会成员庆贺吴宗济先生90寿辰

2007年，中国科大语音实验室和科大讯飞共同承办了第九届全国人机语音通信学术会议（NCMMSC 2007）。吴宗济先生已是99岁高龄，在北京给会议写下了情真意切的祝词，追忆了王仁华与其十几年来的合作经历与成绩，成为那次会议开幕式上最具深意的祝贺。

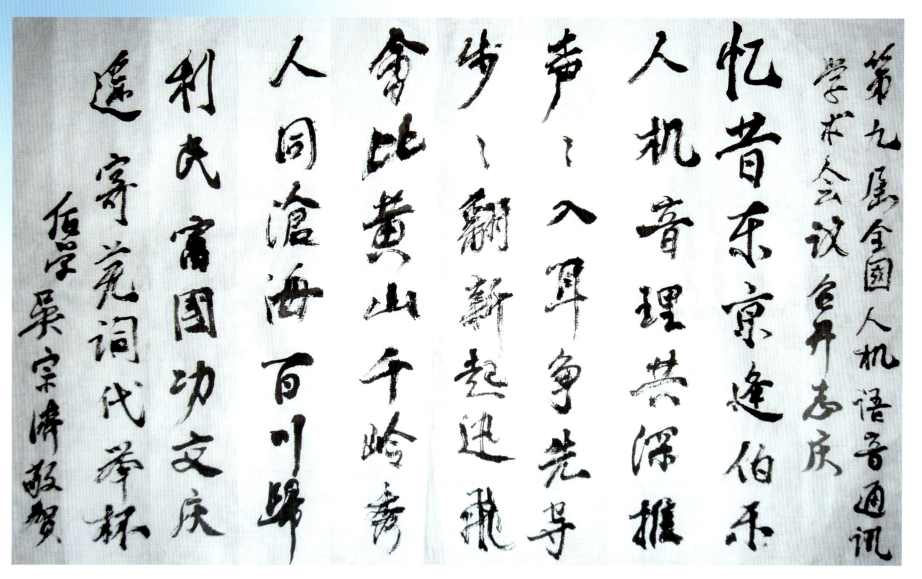

吴宗济写的祝词

2008年4月18日，第八届中国语音学学术会议期间，适逢吴宗济先生百岁华诞，王仁华、胡国平、魏思、藤崎博也与吴宗济合影

吴宗济先生予王仁华书

吴宗济先生对于王仁华的音路探索影响深远。后来科大讯飞成立，吴宗济也非常高兴，认为中国人可以将语音技术掌握在自己手中，并且欣然接受科大讯飞聘请作为顾问。

"当时科大讯飞将最新的产品和有关资料送给吴先生，吴先生说这是他收到的最有价值的礼物，并亲自将他题词的纪念文集送给我。"王仁华回忆。

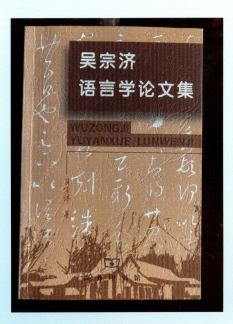

吴宗济赠予王仁华的著作

与香港大学合作

在与东京大学合作的基础上,实验室在语音识别方面发展了与香港大学的合作研究关系,在研制汉语语音识别数据库、开发汉语声控打字机、联合培养博士研究生等方面达成了协议。为此,香港大学陈础坚教授捐赠1万加拿大元,为语音实验室从美国购买了一台386高档微机系统,以支持这一合作研究。1990年12月,王仁华访问香港大学,后来,王仁华的学生也多次前往香港大学进修。

王仁华认为香港大学由于地理位置特殊,是对外交流的窗口,值得重视:"应该充分利用香港的财力、物力及其与国外的密切关系,这有利于促进我们的研究开展,香港应该列为我们培养学生和科研工作对外开放的一个渠道。"

1987年王仁华访问香港大学,和陈础坚教授合影

1996年,王仁华在香港大学招待所

实验室茁壮成长

1985年起，王仁华主持国家"863计划"项目9项、国家自然科学基金项目5项、中国科学院重大工程项目1项、国家"九五"攻关项目1项、国家"973计划"项目1项。

王仁华主持项目的证书

语音及语言信息处理国家工程研究中心

依托于中国科学技术大学讯飞语音实验室,语音及语言信息处理国家工程实验室于2011年获批成立,由中国科学技术大学和科大讯飞股份有限公司共建,2021年转建为语音及语言信息处理国家工程研究中心。

王仁华著作《语言信号处理》

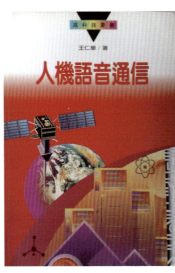

王仁华著作《人机语音通信》

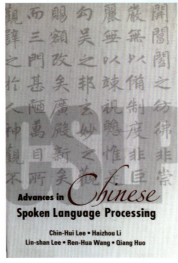

王仁华著作 Advances in Chinese Spoken Language Processing 由新加坡世界科技出版公司于2007年出版

2012年12月,王仁华被聘为语音及语言信息处理国家工程实验室技术委员会主任委员

2012年，语音和语言技术及其应用前沿研讨会与会成员合影

第三章

春华秋实满庭芳

深耕 智能语音

王仁华在智能语音技术领域耕耘40余年，主讲数字信号处理、语言信号处理、数字滤波和谱分析等专业课程，培养出硕士研究生40余名和博士研究生20多名，1986年获中国科学技术大学"教书育人先进分子"称号，1992年起享受政府特殊津贴，1993年获"王宽成"育才奖，1995年获第五届全国大学生"挑战杯"竞赛园丁奖，1999年获中国科学技术大学"优秀研究生导师"称号，并且积极推进产学研结合，在人机语音通信等研究成果转化成生产力及产业化方面作出了突出贡献。

王仁华的学生何良、梅昕、高羽（中国科大1978级毕业生）

王仁华为年轻的学子们搭建了施展才华的平台，他有前瞻的眼光，他是人才的伯乐，他对学生进行多元的培养，他建立完善的实验室管理机制，并且始终保持一颗利他的初心。

我们的王老师

实验室学生合影（刘一飞、邵敏、关权芬）

实验室学生合影（徐超、郭武、滕永盛、应陵、戴礼荣、刘庆峰、宋彦等）

前瞻的眼光

得益于扎实的探索和开放合作，王仁华具备前瞻的眼光，怀着建立中国的"贝尔实验室"的想法，在中国科大建立起新的实验室架构，让本科生进入实验室研究，不断争取优质项目，这才有了实验室的硕果累累。

刘庆峰说："王老师在整个中国科学技术大学是最早让研究生参加科学研究的，又是最早让本科生到实验室的，王老师是那个时候，在所有的语音和语言技术研究中，最有开放思维、最愿意为年轻人首先绽放头彩提供平台的老师。"

"王老师带来了模式创新，在学校搭建了实验室的架构。"胡郁说。

"王老师教导我们，在最核心的技术上，一定要把最核心的原理全研究明白。"王智国说。

人才的伯乐

"王老师创建实验室，在吸引人才、培养人才、发现人才这一块，非常有吸引力，给每一个同学都有一些资助。"戴礼荣回忆。

"我感觉王老师不希望每个人都长成某一种模式，可能在实验室里给到的唯一标准的东西，就是雄心、决心、干劲，除了最基本的生存和奋斗的精神之外，王老师是非常宽容的，允许每个人个性化地成长。"陈涛回忆。

实验室师生在图书馆前合影（王仁华、夏德瑜、郭新荣、程洲、刘一飞、何林顺、杨鉴、罗小强、林平澜、关权芬、张清辨等）

 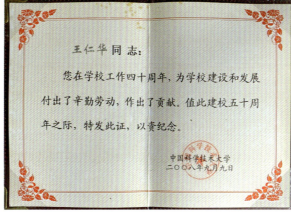 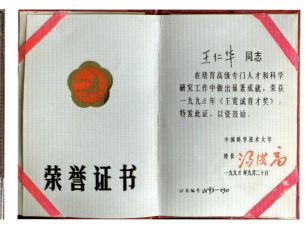

王仁华在中国科大获得的各类证书

　　王仁华会想办法给学生们带来最前沿的信息和研究方法,想办法把学生送到中国香港、日本、美国去交流。有些学生出去后就不会回来了,但王仁华对此一直抱有开放的心态。在他看来,学生各有不同,他的任务是培养,大家能在各自领域开花结果就很好。

　　"王门弟子"也没让王仁华失望,他们中的很多人,或是国际语音界的"大咖",或是龙头企业的研究院负责人,或是自己创业小有成绩。"王老师有利他的初心,让我们现在有很多的可能性。"陈涛说道。

要怎样才能留住人才?

　　王仁华认为,事业留人、待遇留人、感情留人,缺一不可。

　　对于出去的学生,他也祝福他们,"让学生们像种子一样撒向大地,像大树一样自由生长"。

王仁华与学生关权芬在实验室

1996年6月22日，应陵（右一）和滕永盛（右二）在实验室

实验室的传统？

王仁华管理实验室期间，有一个"周六组会"制度，实验室的老师和学生（含博士生、硕士生、本科生）全部参加，进行小组汇报、行业分享、交流提问，在很多学生心里，组会是最闪光的时刻，也是最难忘的时刻。

王仁华回忆起培养研究生的往昔时说道："退休后我特别怀念与研究生一起讨论课题报告，一起赶项目，一起暑假加班吃方便面的生活，每年看着新的学生进来，个个朝气蓬勃，看着他们不断地进步，最后通过论文答辩，走向新的工作岗位，这是当老师最大的欣慰。"

"暑期攻关"也是实验室的传统，王仁华把学生的生活安排得很好，在餐馆"开小灶"。有时候，夏德瑜会在家里做饭招待学生们，她做的红烧大排是大家公认的"最佳"。

学生刘庆峰

刘庆峰在北京故宫留影

刘庆峰是中国科学技术大学1990级的学生。"他让我印象很深,我上数字信号处理课,他听得很认真,不像有的学生偶尔开个小差。我有时会问点问题,他都会抢着回答,而且他讲的也是我想听到的回答。"王仁华回忆起刘庆峰最初进入实验室的那段岁月时说。

刘庆峰在中国科大读书时期

"他大概待了半年以后,我给他一个题目,是一个国外进口的软件,我本意是把它调试一下能用通就行了。结果他没搞一两天,不光搞好了,而且让效率高了10倍,所以我当时就知道,他这个方面天赋很高。"

语音实验室人员合影（刘庆峰、刘必成、倪晋富、陈韬、滕永盛等）

    1995年，王仁华让刘庆峰牵头带队，承担实验室的国家"863计划"项目"KD系列汉语文语转换系统"，想让他将语音合成技术这个科研成果做成优化语音合成系统。

    1998年，刘庆峰和团队参加国家"863计划"语音合成比赛获得第一名，首次达到了3分的标准，电脑"说"的话终于达到了可以让人接受的程度。

1997年6月28日，实验室人员合影（刘庆峰、郭武、滕永盛、马钟柯、徐超、李锦宇等）

语音实验室成员在新加坡合影（左起：刘庆峰、夏德瑜、陈韬、王仁华、霍强、邓力）

实验室给了学生实现创新想法的平台。1998年，刘庆峰在新加坡举办的首届汉语国际年会上拿了最佳论文奖，又拿了中国科学院院长奖学金特别奖，可以选择出国深造，但他选择留下来、要创业："那时候我觉得，出国就是要去做打下手的工作，那些创新的想法做不出来。"

1998年12月，刘庆峰在新加坡举办的首届"国际汉语口语处理年会"上，获得语音合成领域唯一的"最佳学生论文奖"

春华秋实

王仁华在中国科大任教期间,培养出硕士研究生40余名、博士研究生20余名。

1987年1月1日,实验室老师与1979—1982级研究生合影(王仁华、霍强、刘必成、张清辨;后排左起:卜白泉、刘一飞、郭新荣、黎建宁、杨鉴、宋元璋)

王仁华与1982—1985级研究生合影（王仁华、关权芬、林平澜、罗小强、何林顺、刘一飞、程洲、何军等）

1984—1987级研究生聚会（何林顺、罗小强、江辉、黄鹏俊等）

王仁华说："研究生是实验室的主力，我在实验室最多的时间是和研究生一起度过的。1982年，带着第一批1978级本科生做毕业论文；1984年，第一个硕士生进来；1989年，第一个博士生进来，逐年增多。"

1995年6月，中国科大电子工程与信息科学系1990级毕业留影

1997年6月，中国科大电子工程与信息科学系1992级毕业留影

第四章

经历风雨见彩虹

重视理论联系实际，积极推进产学研结合。1999年，王仁华支持刘庆峰等实验室学生创办科大讯飞公司，兼任董事长、首席科学家。公司始终坚持"顶天立地"的发展战略，2008年，科大讯飞在深圳证券交易所上市，成为中国第一家语音产业上市公司，也是当时中国第一家在校大学生创业成功上市的公司。

支持学生创办
科大讯飞

001号员工

"我回国以后很努力,讲课、建实验室、跟国外建立联系、开发一些能够应用的东西。但是,离我自己理想中的能够把语音技术在中国真正发展起来,从而造福于国家还很远。"

1998年开始,王仁华跟福建中银合作一起搭建"中国科大中银天音智能多媒体实验室",刘庆峰远赴福建担任"福建中银天音"下属联合实验室总工程师和主任。但在1999年春节前后,福建中银集团经营出现困难,连实验室员工的工资都发不出来。

硕士毕业的刘庆峰面临两个选择——去微软工作,或者去国外著名大学读博士。

但是,刘庆峰跟老师王仁华说:"我决定不出国读博士了,语音技术有前景,我要在国内做这件事情。但我要自己创业,我有信心。"

王仁华回答:"我支持你,科大语音实验室支持你,你可以一边在科大读博士,一边创业。"

想做一番事业,就必须留住人;想留住人,待遇必不可少;那就必须要走出实验室,走产学研一体化的道路。

在刘庆峰的动员下,吴晓如、陈涛、胡郁、江涛、胡国平、王智国等人陆续加入创业团队。

"把大家都谈好以后,我给王老师汇报说有这么多人参加了。王老师说了一句话:庆峰,这件事情能成。他说中国科学技术大学从来没有这么多优秀的年轻人团结在一起干一件事。"

1999年4月,"安徽硅谷天音信息科技有限公司"正式成立,刘庆峰担任CEO。这就是科大讯飞的前身。1999年6月9日,"硅谷天音"在安徽省工商行政管理局依法注册登记。

1999年12月30日,经过融资扩股之后,在原安徽硅谷天音信息科技有限公司的基础上,安徽中科大讯飞信息科技有限公司成立(后改名为安徽科大讯飞信息科技股份有限公司)。

安徽中科大讯飞信息科技有限公司成立揭牌

王仁华在科大讯飞的"001"号工牌

公司成立时,刘庆峰想请王仁华当董事长,"那好吧,我就信任你,我来当董事长"。就这样,王仁华成为了科大讯飞的首任董事长。在这份信任和担当之下,王仁华担任科大讯飞董事长直到讯飞上市,后因身体原因卸任,由刘庆峰接任董事长。

董事长的原则

创业办公司要怎么做？

王仁华给自己定过四个原则：

第一条，我们要完全按照公司制运行，这是最重要的。

第二条，学生创业，参加的学生也应该有股份，庆峰的股票应该要比我多。公司未来也要融资。

第三条，我当董事长可以，但是我不会去过于干涉公司的经营过程、生产过程等方面工作，年轻人比我做得好，我不会去干预他们，放手让他们去做。我的重心在中国科大语音实验室，协调公司和学校的关系，保证技术的领先和产品研发。

第四条，我想通过这个公司真正地创造出一种产学研结合的道路。

2000年11月6日，科大讯飞正式迁入合肥国家高新技术产业开发区软件园二号楼，王仁华在董事长办公室

1999年11月18日，王仁华与科大讯飞初期创业团队成员合影

争与不争

"学生创业，也应该有股份。"王仁华对于给学生股权这件事非常认真。

因此，刘庆峰等学生获得了股权。"今天，中国科学技术大学6名学生获准得到总计668.85万元的技术股权奖励，大学生智慧成果成了资本，这在全国高校中尚属首例。"这是1999年11月12日《中国青年报》的报道。

在股权分配的时候，王仁华坚持刘庆峰的股权要比自己多。"我没想过办公司要发财或者上市，我只是觉得我要支持他们做这件事情。但是我觉得在办公司这个事情上，庆峰比我做的事多，所以股份比我多是应该的。而且那时候我有薪水，我还从外协项目里给学生们发一点补贴。我觉得我不太需要股份。"王仁华回忆。

刘庆峰回忆："王老师虽然是董事长，但是坚决不要车，省掉公司买车钱和一个司机的钱。他自己不买车，但是却让我用车。王老师的原话是：'你不能开车，因为你要打电话，你的事情太多。'从点点滴滴的事情上都能看出来，他都在为整个公司着想，也很关心我。"

公司治理

王仁华坚持按照公司制度办事，公开透明。

创业之初，不管有多忙碌，王仁华跟刘庆峰约定：一个礼拜碰头一次。他支持刘庆峰说："放胆去搞，我会支持你的。"

早期科大讯飞团队于黄山路雪地合影

扭亏为盈

1999年7月,合肥市领导带着三家投资机构来科大讯飞考察,并对科大讯飞的创业团队表示肯定和支持。随后,三家投资机构以"3060万元占股51%"的条件投资科大讯飞。

1999年底,为了留住人才,合肥市政府引荐三家合肥企业为科大讯飞注资共计3060万元。运用这笔资金,科大讯飞推出了借助语音进行电脑操作的中文语音系统"畅言2000",但由于定价太高,语音输入和控制也并非当时使用电脑的核心需求,"畅言2000"在市场大受挫折。

科大讯飞早期产品,包括中文语音系统"畅言2000"

1999年7月2日,刘庆峰为时任教育部部长陈至立和中国科大领导演示自主研发的产品"畅言2000"

团队中的很多成员开始动摇了，认为语音技术太难挣钱，技术门槛太高，便提议干脆不要做语音了。为了统一认识、坚定战略目标，创业团队在安徽巢湖半汤开了一次会——"半汤会议"。刘庆峰坚定提出："凡是不看好语音产业的，请走人。"同时，刘庆峰也明确了三条底线作为判断标准：第一，这件事情代表未来。第二，我喜欢，我能成为No.1。第三，这件事能做到100亿元。

2001年，科大讯飞"半汤会议"

2001年，联想正式向科大讯飞投资300万美元，并派出项目小组从人力、财务、市场等各个方面帮助科大讯飞进行能力建设，协助科大讯飞找到正确的发展战略，尽快走出摸索期。科大讯飞也成为联想正式投资的第一家创业公司。

2001年，联想投资科大讯飞的签约仪式

2006年,科大讯飞与Nuance在云南共同主办"2006科大讯飞·Nuance语音技术解决方案峰会";同年在全国多地联合举办语音技术巡展,正式推出语音合成与识别相关产品

2004年,科大讯飞将语音识别技术应用于普通话考试,从ToG市场切入智慧教育,并开始扭亏为盈。

2007年,中国科学院院长路甬祥访问科大讯飞

2006年10月10日，王仁华与刘庆峰在科大讯飞办公室工作

"你想干一番事业，有很多不是你很愿意去干的事情，但你还是不惜面子地要去干。这个庆峰最有发言权。"从象牙塔走向社会，王仁华见证着刘庆峰的成长。

刘庆峰说："做大事者不委屈，一切都根于心中有没有大的梦想。但是如果你坚持下来了，时间换空间，日久见人心，慢慢地大家就会知道你的能力，后面相处就越来越顺。"

公司上市

2008年4月24日,科大讯飞举行首次公开发行股票网上路演,王仁华作为董事长在现场向投资者介绍科大讯飞

自2004年科大讯飞实现了首次盈亏平衡后,2005年到2007年,科大讯飞进入业绩快速提升期。2008年5月,科大讯飞在深圳证券交易所上市,成为中国第一家语音产业上市公司,也是当时中国第一家在校大学生创业成功上市的公司。

最初做语音识别时，王仁华就知道将来会发展到自然语言理解，发展到人工智能，但在当时是不可想象的，因为语音产业创业本身是否能坚持"活"到上市那一天，是没把握的。

"要不是当年您在我们身边，我们有个很温暖的长辈老师在，让我们能拼命往前冲，没有这种结构机制，讯飞是不可能熬过5年的亏损，然后不停地融资，最后在2008年上市。我很高兴在科大碰到您，然后这帮师弟们在您的鼓励和支持下，我把他们团结起来，一起做创业这个事。"刘庆峰感慨。

王仁华在深圳证券交易所为科大讯飞上市致辞

科大讯飞团队在上市酒会上合唱《飞得更高》

2002年，科大讯飞成立三周年庆典

2002年，科大讯飞成立三周年庆典全体员工合影

2004年，科大讯飞成立五周年全体员工合影

第五章

生生不息

技术
奠基人

王仁华在语音研究领域坚持自主创新、多学科融合和产学研结合的发展路线，从无到有，在语音合成、语音评测、语音识别方面取得了一系列技术创新成果，是科大讯飞的技术奠基人。退休后，王仁华仍然关注科大讯飞和原就读学校的发展，设立"讯飞华夏创新奖""中科大华瑜奖学基金""上海体校华瑜奖"。薪火相传，他对于足球、科学的热爱，对于事业的创新和坚持，一代科研工作者、老师的风采，鼓舞着一代代年轻人。

技术精神传承

1999年,中国科学技术大学讯飞语音实验室成立

联合实验室办公环境

2003年,中文语音交互技术标准工作组成立大会暨第一次全体会议在科大讯飞举行

中国社会科学院语言研究所纪委书记、副所长李爱军回忆:"当时从北京过来了很多的专家,会上推举王仁华老师作为标准组的组长,也相继推出了中国的语音合成、语音识别、声音识别等行业标准。讯飞非常重视语音标准的工作,参加了很多国内和国际标准的制定,这和王老师那个时候对标准工作的重视有很大的关系。"

科大讯飞语音联合实验室成立后，王仁华很快意识到，完全依靠联合实验室是不够的，实验室不了解讯飞的需要和市场，研究生有自己的工作，讯飞需要有自己的研究机构。

2005年，科大讯飞研究院成立，王仁华是首任院长，首批研究院成员不到10人，包括吴晓如、胡郁、胡国平、王智国、刘庆升、魏思、凌震华、江源等

如今的科大讯飞研究院

科大讯飞研究院的文化墙

科大讯飞研究院成立之初的使命和目标是：

为了讯飞在中长期的核心技术研发上保持足够的研究力量，以期源源不断地提供具有竞争力及自主知识产权的核心技术；

能够对新方向，有方法、有计划、有目的地进行探索，保持公司在研究方面的创新能力；

成为语音及语言技术领域中国内一流、国际知名的研究机构。

讯飞研究院的文化"从市场中来，到市场中去；用正确的方法做有用的研究"就此建立。

在王仁华看来，科大讯飞研究院和中国科大语音实验室的互补，找到了一条以企业为主体、实现产学研结合的道路。

2010年，刘聪（左）在科大讯飞研究院工作

"既要覆盖这么多研究方向，也要同时支持这么多不同类型的业务方向，既要做好技术'顶天'，也要做好多行业'立地'，还要高效进行前瞻布局。"科大讯飞研究院院长刘聪认为这就是科大讯飞研究院的特色。

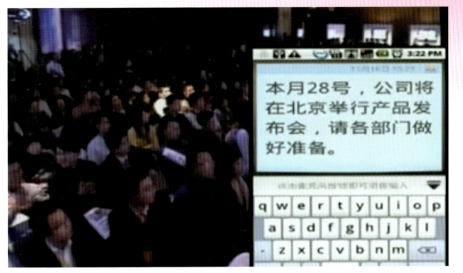

2010年10月28日,科大讯飞首个大型发布会发布"讯飞语音云平台",首个支持中文语音输入的讯飞输入法诞生

2014年,公司举办首届核心技术嘉年华,给公司所有同事提供一个了解核心技术成果的研讨交流平台,这也是从中科大语音实验室传承下来的优良传统。

祖漪清(左)、吴晓如(中)、胡郁(右)在科大讯飞首届核心技术嘉年华上

2023年5月6日,讯飞星火认知大模型成果发布会在安徽合肥举行。发布会上,董事长刘庆峰说:"1992年我在读大二,被王仁华教授选到中国科大人机语音通信实验室时,老师就告诉大家,提出问题是解决问题的一半,最聪明的孩子和学生要首先善于提出问题。一个更美好的世界将始于我们每个人的提问,期待让星火认知大模型成为每个人的AI助手。"

发布会结束后,王仁华给刘庆峰发短信表达祝贺:"庆峰,祝讯飞星火大模型成功发布!我为你和讯飞感到自豪,也为自己能在有生之年见证人工智能浪潮感到欣慰!"刘庆峰回复:"王老师好,谢谢您的鼓励!您的关心与帮助,一直是我们奋斗前行重要而温暖的精神港湾!"

刘庆峰在讯飞星火认知大模型成果发布会上演讲

刘庆峰在讯飞星火认知大模型成果发布会上演讲

参加讯飞星火认知大模型成果发布会的嘉宾

育人精神
传承

2014年11月26日，王仁华教授及夫人夏德瑜教授向中国科学技术大学捐赠200万元，用于设立"华瑜奖学基金"

科大讯飞2017—2018年年会上,王仁华与刘庆峰在台上互动

"创新是企业的生命。我们在2018年提出设立华夏创新奖的初衷,就是要鼓励大家作出创新贡献。"为了激发员工创新的积极性,鼓励讯飞创新型人才的培养,王仁华与夫人夏德瑜从2018年开始设立"讯飞华夏创新奖",奖励具备突出创新精神并在技术、产品、市场、管理等方面取得突出创新成果的优秀员工。

2022年6月,王仁华夫妇"惊喜"出席科大讯飞骨干大会

2023年6月,王仁华老师线上出席科大讯飞骨干大会

桃李满天下

王仁华在聚会上发言："桃李满天下通常是指实验室培养的学生满天下，一般是对老师的褒奖，或是对实验室的褒奖；但我想对大家说的是，实验室不会忘记你们在学习的同时对实验室、对学校作出的贡献。实验室的发展，所取得的成果都有你们的一份功劳，实验室为你们自豪！"

2016年3月24日，中国科大语音实验室"桃李满天下"毕业生聚会合影

1992年，王仁华访美交流期间，与邵敏在南加州大学合影

1996年，王仁华参加ICSLP96国际会议，与霍强在美国费城合影

1996年，王仁华与何良在硅谷合影

1996年，王仁华与傅前杰、黄鹏俊在洛杉矶合影

2002年，王仁华在西雅图微软研究院交流时与尹波合影

1998年，王仁华夫妇与江辉夫妇、罗小强、霍强在悉尼合影

2002年，王仁华夫妇在邓力美国家中烧烤

2002年，王仁华与罗小强在纽约时代广场

2004年，王仁华在加拿大蒙特利尔参加ICASSP，罗鑫、傅前杰夫妇、王仁华夫妇、江辉、李锦宇等人合影

2015年，王仁华夫妇与周勇、孙沂春于美国巴尔的摩内港合影

2015年，王仁华与卞白泉于澳大利亚阿德莱德合影

2016年，王仁华与黎建宁参观瑞典皇宫花园

2017年，王仁华夫妇与李锦宇在美国西雅图

2023年5月13日,王仁华老师教书育人暨讯飞创业文化交流会合影,王仁华、夏德瑜、刘庆峰、吴晓如、陈涛、胡国平、王智国、刘庆升、凌震华、刘聪、魏思、赵志伟、王政等人现场回忆往昔

王仁华与刘庆峰回忆往昔

刘庆峰:"20年后,王老师100岁生日,一定会看到这一天:我们成为全世界最有影响力的人工智能龙头企业,将来讯飞就要做到,在全球发声,所有人都得听,都得听王老师100岁的时候说什么。"

王仁华:"我非常期待那一天的到来,我非常有信心,相信你们能够做得到!"

2023年8月4日，王仁华教授80寿辰，到场师生合影

王仁华寿辰庆贺现场